초등학생의 진로와 직업 탐색을 위한
잡프러포즈 시리즈 55

변호사는 어때?

차례

CHAPTER 01

변호사 김상천의 프러포즈

☺ 변호사 김상천의 프러포즈 … 10

CHAPTER 02

변호사의 세계

☺ 소송을 통해 문제를 해결하는 직업, 변호사 … 17
☺ 법률 전문가로서 다양한 역할을 해요 … 20
☺ 특정 분야를 전문으로 변호할 수도 있어요 … 22
☺ 의뢰인을 대리하는 민사소송 … 25
☺ 소송하지 않고 해결하는 방법을 찾기도 해요 … 28
☺ 민사소송을 준비할 때 재판 결과 이후도 미리 대비해요 … 29
☺ 형사소송에서는 의뢰인의 변호인이 돼요 … 31
☺ 국선변호인으로 활동할 수 있어요 … 34
☺ 사내변호사로 일할 수도 있어요 … 35

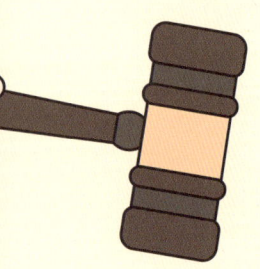

변호사가 되려면

- ☺ 다양한 경험을 통해 세상을 이해해요 … 39
- ☺ 책임감과 협동심이 필요해요 … 40
- ☺ 이 직업에 대한 정보를 찾아 미리 경험해 보세요 … 42
- ☺ 대학에 진학할 때는 어떤 전공이라도 괜찮아요 … 44
- ☺ 법학전문대학원에 입학해요 … 45
- ☺ 준비되었다면 변호사시험에 도전! … 47
- ☺ 6개월 이상 수습 기간을 마치면 진짜 변호사가 됩니다 … 49

변호사의 매력

- ☺ 무한한 가능성이 있는 직업 … 55
- ☺ 의뢰인이 좋은 결과를 얻었을 때 보람을 느껴요 … 56

변호사의 마음가짐

- ☺ 일 자체가 어렵다는 것을 알고 있어야 해요 … 61
- ☺ 피고인의 권리 보호 역할에 충실해요 … 62
- ☺ 직업윤리를 지킬 의무가 있어요 … 64

변호사 김상천을 소개합니다

- ☺ 컴퓨터 프로그래머를 꿈꾸었던 어린 시절 … 69
- ☺ 연구소에서 공학연구원으로 일했어요 … 70
- ☺ 진로를 바꿔 변호사가 되기로 결심했어요 … 72
- ☺ 검사로 시작한 법조인 생활 … 74
- ☺ 검사 생활을 거쳐 지금 변호사로 일하고 있어요 … 76
- ☺ 일과 생활의 균형을 맞추려고 노력해요 … 78
- ☺ 컴퓨터 공학 전공을 살려 일하고 싶은 꿈이 있어요 … 81

10문 10답

- 변호하는 직업은 언제부터 있었나요? … 85
- 과거 우리나라에도 변론하는 직업이 있었나요? … 86
- 영화나 드라마는 현실을 얼마나 반영하고 있나요? … 88
- 연봉은 얼마나 되나요? … 89
- 시대에 따라 법도 변하나요? … 91
- 판사는 어떻게 될 수 있나요? … 92
- 검사가 되는 방법은 무엇인가요? … 94
- 소장을 쓸 때 특별히 주의해야 할 것은 무엇인가요? … 96
- 다른 분야로 진출할 수 있나요? … 98
- 피해자 국선변호사 제도는 무엇인가요? … 99

나도 변호사

- 나도 변호사 … 104

변호사 김상천의
프러포즈

안녕하세요, 변호사 김상천입니다. 변호사는 법을 잘 아는 사람으로, 여러 가지 중요한 일을 할 수 있는 직업이에요. 변호사 자격이 있는 사람은 검사나 판사가 될 수도 있어요. 검사는 범죄로부터 사회를 지키고 억울한 피해자를 돕는 것을 사명으로 삼는 직업이고, 판사는 법적 지식과 통찰력으로 부당한 일을 겪은 사람의 억울함을 풀어주고, 법을 어긴 사람에게는 알맞은 벌을 내리기도 하지요. 이렇게 변호사라는 자격은 사회정의를 세우는 중요한 출발점이며, 검사와 판사의 길로 이어질 수 있습니다. 또한, 여러 가지 장점이 있는 멋진 직업이라고 생각하는데, 왜 그런지 몇 가지 이유를 들어볼게요.

첫째, 변호사는 어려움에 빠진 사람을 돕는 직업이에요. 억울하게 누명을 쓴 사람이 무죄를 선고받을 때, 그 옆에서 함께 노력한 변호사는 말로 표현하기 어려운 큰 보람을 느낍니다. 누군가에게 의지할 수 있는 단 한 사람이 되어 주는 것, 그리고 그 사람의 인생을 바꾸는데 기여하는 것은 아주 특별한 경험이에요. 그래서 변호사는 단순히 일만 하는 것이 아니라, 다른 사람의 삶을 더 나은 방향으로 이끄는 역할을 하게 됩니다.

둘째, 변호사는 다양한 분야에서 다채로운 역할을 할 수 있습니다. 많은 사람들이 법정에서 변호사가 열정적으로 변론하는 모습을 떠올리지만, 사실 변호사는 법정 밖에서도 아주 다양한 일을 해요. 예를 들어, 어떤 회사가 새로운 사업을 시작하려 할 때 법적으로 문제가 없는지 미리 살펴주기도 하고, 사람들이 계약서를 쓸 때 혹시 불리한 내용이 들어 있지 않은지 꼼꼼히 검토해 주기도 합니다. 또 정부 기관이나 기업에서 직접 일하면서 나라나 회사가 올바르게 운영되도록 돕기도 하지요. 이렇게 보면 변호사의 활동 무대는 법정뿐 아니라 사회의 거의 모든 분야라고 할 수 있어요.

셋째, 변호사는 다양한 사람을 만나며 특별한 경험을 쌓을 수 있는 직업이에요. 함께 일하는 사람은 꼭 법조인만이 아니라 기업가, 정치인, 예술가 등 정말 다양합니다. 이런 사람들과 함께 일하면서 그들의 삶을 간접적으로 체험할 수 있고, 때로는 역사에 남을 사건을 직접 경험하기도 하지요. 어떤 순간에는 누군가의 인생이 완전히 달라지는 장면을 옆에서 지켜보며, 드라마보다 더 극적인 현실을 마주하기도 합니다.

물론 변호사의 길이 늘 쉽고 즐겁지만은 않아요. 사람의 인생이나 기업의 운명이 달린 문제를 맡는 경우가 많아서 한순간도 긴장을 풀 수 없고, 항상 신중하게 일해야 해요. 책임이 무겁고 스트레스가 따르기도 합니다. 하지만 그만큼 큰 보람이 따르고, 사회에서 중요한 역할을 하는 만큼 그에 맞는 보상도 주어져요. 자신의 실력을 열심히 키우고 맡은 일을 잘 해낸다면, 변호사는 능력과 노력에 걸맞은 대우를 받을 수 있는 직업입니다.

어렸을 때 저는 변호사를 꿈꾸지 않았어요. 대학과 대학원에서 컴퓨터 공학을 전공했고, 관련 분야 연구소에서 연구원으로 일했어요. 그때까지만 해도 제가 법조계에서 일할 것이라고는 저를 포함해 가족과 주변 사람 모두 상상도 하지 않았습니다. 그런데 우연과 우연이 겹쳐 변호사라는 직업이 제 마음속에 들어왔고, 해보자는 결심을 한 후 겁도 없이 진로를 바꿔 법학전문대학원에 진학했습니다. 법학전문대학원을 졸업하고 나서 바로 변호사로 일한 것도 아닙니다. 법조인으로서는 검사로 첫발을 내디뎠고, 검찰청을 나와 변호사로 일하다 잠시 고위공직자범죄수사처(공수처) 검사로 일했고, 지금은 공수처를 나

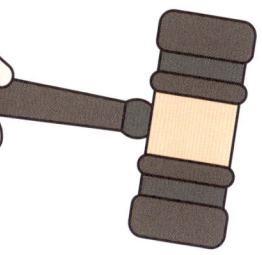

　와 다시 변호사가 되어 여러분에게 이 직업을 소개하게 되었어요.

　변호사는 사람을 돕고, 다양한 분야에서 활약하며, 많은 사람과 교류할 수 있고, 그만큼 보상과 보람도 얻을 수 있는 멋진 직업이에요. 책임이 큰 만큼 힘든 점도 있지만, 그보다 훨씬 많은 장점이 있습니다. 만약 여러분이 정의롭고 도전적인 삶을 꿈꾼다면, 변호사의 세계에 발을 들여보는 것도 좋은 선택이 될 거예요.

- 변호사 김상천

2장에서는?

사람들이 법률적인 문제가 생겼을 때 누구에게 도움을 요청하나요? 바로 변호사입니다. 소송의 당사자를 대신해 분쟁을 해결하고, 기소당한 사람들을 위해 변호하는 일을 하는데요. 이 밖에도 법률 전문가로서 할 수 있는 일이 많다고 해요.

소송을 통해 문제를 해결하는 직업, 변호사

변호사는 변호사법 제3조에 "소송에 관한 행위, 행정처분에 대한 청구, 일반 법률 사무"를 맡는 직업이라고 규정되어 있어요. 쉽게 말하면, 변호사는 소송을 포함한 다양한 법률문제를 해결하는 일을 합니다. 저는 개인적으로 변호사는 '문제를 해결하는 사람'이라고 생각해요. 세상에는 다양한 문제가 있고, 그 문제들이 너무 복잡하거나 이해관계가 엇갈릴 때 사람들은 스스로 해결하지 못하는 단계에 이르면 법을 찾게 됩니다. 이때 문제를 법과 상식으로 해결하는 데 앞장서는 사람이 바로 변호사입니다.

변호사가 문제를 해결하는 대표적인 방법은 소송이에요. 소송은 법적인 문제를 해결하기 위한 중요한 절차로 법원에 가서 법적인 판단을 받는 과정을 말하며, 주로 민사소송, 행정소송, 형사소송으로 나눌 수 있어요.

민사소송은 개인과 개인 사이의 분쟁을 해결하는 과정입니다. 예를 들어, 친구에게 돈을 빌려줬는데 갚지 않는 경우가 있을 수 있어요. 이럴 때, 돈을 빌려준 사람은 법원에 소송을 제기하여 돈을 돌려받기 위한 절차를 밟습니다. 민사소송에서는 소송을 제기하는 사람을 '원고'라고 하고, 소송을 당하는 사람을 '피고'라고 불러요. 원고와 피고 모두 변호사를 선임하여 소송을 진행할 수 있으며, 변호사는 각자의 주장을 법원에 전달하고 필요한 서류를 준비하는 역할을 합니다.

행정소송은 개인과 정부 기관 사이의 갈등을 해결하기 위한 것입니다. 예를 들어, 시청(도청, 구청 등 행정기관)에서 내린 결정에 불만이 있는 경우, 개인은 그 결정을 취소하거나 변경해 달라고 법원에 요청할 수 있어요. 행정소송은 일반적으로 절차가 복잡하고 어렵기 때문에 변호사의 도움이 필요한 경우가 많습니다. 변호사는 행정기관의 결정에 대한 법적 주장을 대신하고, 소송에 필요한 서류를 작성하며, 증인을 부르거나 상대방의 주장을 반박하는 등의 역할을 합니다.

형사소송은 범죄가 발생했을 때 국가가 대신 소송을 제기하는 거예요. 이때는 검사가 국가를 대표하여 범죄자를 처벌해 달라고 법원에 요청합니다. 형사소송에서는 소송을 제기하는 주체가 검사이며, 소송을 제기당한 사람은 '피고인'이라고 합니다. 이 경우 변호사는 피고인의 변호인 역할을 담당하며, 피고인의 권리를 보호하고 그를 방어하는 일을 합니다.

이렇게 각 소송의 종류에 따라 변호사의 역할이 달라지며, 변호사는 당사자를 대신하여 법적 주장을 하고, 법정에서 실질적인 활동을 수행합니다.

법률 전문가로서 다양한 역할을 해요

　변호사의 전문 지식이 필요한 일은 매우 많아요. 변호사는 기업 자문을 맡아 기업이 운영되는 과정에서 마주치는 법적 문제에 대해 조언하고, 새로운 사업이 법률을 위반하는 사항은 없는지 등을 살펴 사업의 성공을 지원하는 역할을 합니다. 계약서 검토도 중요한 일 중 하나인데, 계약의 세부 사항을 자세히 검토하여 불리한 조항이 없는지를 확인하고, 필요한 경우 수정 사항을 제안합니다. 계약서를 작성하는 모든 당사자의 권리가 적절히 보호되도록 하는 일이에요.

　또한, 변호사는 법률 상담을 통해 개인이나 기업이 겪는 다양한 법적 문제에 대한 조언을 제공합니다. 이러한 상담은 법적 판단을 내리기 전에 충분한 정보를 바탕으로 결정할 수 있도록 돕습니다. 변호사는 법률적 지식을 바탕으로 고객의 상황에 맞는 최선의 해결책을 찾아주는 역할을 합니다.

변호사의 역할은 이 외에도 법률 연구와 공직 등 다양한 영역에 걸쳐 있습니다. 법률 연구는 새로운 법률이나 판례를 분석하고, 이를 통해 법적 쟁점을 이해하고 해결책을 제시하는 작업입니다. 공직에서 변호사는 정부나 공공기관의 법률 고문으로 활동하며, 공공의 이익을 위해 법률적 조언을 제공합니다.

특정 분야를 전문으로 변호할 수도 있어요

　변호사는 기본적으로 모든 사건을 다룰 수 있어요. 하지만 사회가 점점 복잡해지고 사건도 다양해지면서 깊이 있는 변호를 위해서는 더 전문적인 지식과 경험을 가진 변호사가 필요해요. 그래서 자신의 전문 분야를 선택하는 변호사가 많아요. 이러한 변화를 반영해 2009년에 대한변호사협회는 변호사가 부동산, 건설, 의료, 금융, 이혼, 상속, 특허, 상표, IT 같은 60개가 넘는 전문 분야 중에서 자신이 주로 활동하는 영역을 선택해 등록할 수 있도록 했어요.

　다만, 협회에 전문 분야를 등록하려면 몇 가지 조건이 있어요. 법조 경험이 3년 이상 있어야 하고, 최근 3년 안에 관련 교육을 받거나 정해진 수만큼의 사건을 맡아본 경험이 필요하지요. 이렇게 등록하면 공식적으로 전문 분야를 인정받는 거예요. 하지만 협회에 등록하지 않아도 전문 변호사로 활동하는 데 문제는 없어요. 실제로는 한 분야에서 오랜 시간 사건을 맡으며 경험을 쌓거나, 더 공부하고 연구하면서 전문성을 길러 활동하는 변호사도 많습니다.

　예를 들어, 의료 사건을 계속 맡다 보면 자연스럽게 병원 운영이나 의학 용어를 잘 알게 되어서 의료 분야 전문 변호사가 될 수 있어요. 또 의사, 회계사 같은 다른 자격증을 가진 사람이 변호사가 되면, 그 지식을 활용해 더 특화된 법률서비스를 제공하기도 합니다. 실제로 의사 출신 변호사가 의료소송을 전문으로 하거나, 회계사 출신 변호사가 기업 회계 문제를 전문적으로 맡는 경우도 있지요.

　전문 분야가 있다고 그 분야의 사건만 맡는 것은 아니에요. 사건이 많은 분야도 있지만 적은 분야도 있어서 전문 분야를 정했다고 하더라도 상황에 따라 여러 분야의 사건을 두루 맡게 되지요.

전문분야 등록신청 분류표 출처 : 대한변호사협회

순번	전문분야	순번	전문분야
1	민사법	32	공정거래
2	부동산	33	방송통신
3	건설	34	헌법재판
4	재개발·재건축	35	환경
5	의료	36	에너지
6	손해배상	37	수용 및 보상
7	교통사고	38	식품·의약
8	임대차관련법	39	노동법
9	국가계약	40	산재
10	민사집행	41	조세법
11	채권추심	42	법인세
12	등기·경매	43	관세
13	상사법	44	상속증여세
14	회사법	45	국제조세
15	인수합병	46	지식재산권법
16	도산	47	특허
17	증권	48	상표
18	금융	49	저작권
19	보험	50	영업비밀
20	해상	51	엔터테인먼트
21	무역	52	국제관계법
22	조선	53	국제거래
23	중재	54	국제중재
24	IT	55	이주 및 비자
25	형사법	56	해외투자
26	군형법	57	스포츠
27	가사법	58	종교
28	상속	59	성년후견
29	이혼	60	스타트업
30	소년법	61	학교폭력
31	행정법	62	입법

의뢰인을 대리하는 민사소송

　민사소송은 앞에서도 말했듯이, 개인과 개인 사이에 문제가 생겼을 때 법원의 판결(재판)을 통해 해결하는 방법이에요. 이때 소를 제기하는 사람을 원고라 하고 소를 당한 사람을 피고라고 해요. 변호사는 소송 당사자의 소송을 대신해 주는 사람이라는 뜻으로 소송대리인이라고 부르고, 원고와 피고 모두 소송대리인을 둘 수 있어요.

　민사재판의 시작은 소장을 접수하는 거예요. 소장에는 소송을 제기하는 이유와 일이 진행된 과정, 문제가 발생한 원인 등을 자세히 써야 해요. 소장은 정해진 형식이 있고, 그에 맞추어 써야 법률적인 효과가 발생하기 때문에 형식을 지키는 것이 중요해요. 그리고 증거자료도 준비해 제출해요. 예를 들어, 빌려준 돈을 받기 위한 소송이라면 차용증이나 영수증, 은행 송금 확인서 등과 같이 돈을 빌려주었다는 것을 증명하는 자료들을 제출하면 됩니다.

소장이 접수되면 법원은 소를 당한 사람(피고)에게 소장을 전달해요. 이때 피고는 소장을 받은 날로부터 30일 안에 답변서를 제출해야 해요. 피고가 답변서를 제출해 원고와 다른 주장을 하면 누구의 주장이 옳은지 법원에서 다투게 됩니다. 재판이 진행되면 원고와 피고 모두 자신의 주장이 옳다는 것을 뒷받침하는 증거를 법원에 제출해야 해요. 이렇게 주장과 증거를 제출하고 의견을 제시하는 것을 변론이라고 합니다. 보통 우리나라의 민사재판은 재판이 열리기 7일 전까지 변론에서 진술할 사항을 서면으로 제출하지요. 그리고 재판 기일이 잡히면 법정에 나가는 거예요. 변론을 마치고 더 이상 다른 변론이 없을 때 재판이 끝납니다. 마지막에 판사가 관련된 자료를 가지고 판결문을 쓰고 선고하는 절차를 진행합니다.

보통 소를 제기하는 사람(원고)은 문제를 해결하는 방법을 찾으려고 변호사를 찾아와요. 변호사와 상담하며 소를 제기할지 말지를 결정하는데요. 소송하기로 하면 그 순간부터 변호사는 원고의 소송대리인이 되어 활동합니다. 반대로 소송을 당한 피고는 대부분 소장을 받으면 그것을 들고 변호사를 찾아가 대책을 마련하는데요. 피고의 소송대리인이 된 변호사는 의뢰인의 주장을 듣고 그것을 뒷받침할 증거를 찾아 법원에 제출합니다. 이렇게 증거를 제출하고 의견을 제시하는 것을 반론이라고 해요. 그런데 만약 소장을 받은 이후 30일 안에 피고가 어떤 주장도

하지 않으면 법원은 원고의 주장이 맞다고 판단해서 피고의 주장을 듣지 않고 판결이 선고될 수 있어요.

    물론 변호사를 통하지 않고 소송을 진행하는 것도 가능해요. 법은 상식에 기반을 두고 있어요. 하지만 매우 복잡하고 전문적인 지식이 필요한 분야이기도 해요. 그래서 법과 재판의 절차를 잘 아는 변호사의 도움이 필요해요. 변호사는 판사가 궁금해할 것이 무엇인지, 어떤 논리로 다가가야 판사를 설득할 수 있는지 누구보다 잘 알고 있어요. 또 같은 주장이라도 언제, 어떤 방식으로 해야 가장 효과적인지도 경험을 통해 알고 있기 때문에 소송의 당사자를 대리해서 문제를 해결할 수 있답니다.

소송하지 않고 해결하는 방법을 찾기도 해요

다른 사람과 갈등이 발생한다고 곧장 법의 판결을 받으려는 사람은 드물어요. 처음엔 당사자끼리 잘해보자고 의견도 나누고 합의도 합니다. 그런데도 문제가 해결되지 않고 더 커지면 서로의 신뢰가 깨지고 갈등이 심각해져서 당사자끼리 해결할 수 없는 단계에 이르러요. 그때는 같은 부류의 문제를 해결했던 관례를 찾아보기도 하고, 당사자와 관계가 없는 사람을 사이에 끼워 중재해 보려는 노력도 하지요. 이런 중재를 할 수 있는 사람 중에 변호사도 포함돼요.

소송에 앞서 변호사는 갈등의 당사자끼리 합의를 볼 수 있도록 조정 방안을 제안하고, 상대측과 직접 협상을 시도해 봅니다. 사람들은 문제를 자신에게 일방적으로 유리하게 해석하거나, 감정적으로 접근하는 경우가 많아요. 그럴 때 변호사가 법의 이치를 따져 어느 쪽에 얼마의 책임이 있다고 판단해 협상할 기회를 제공하지요. 이 단계에서 갈등 당사자들이 합의를 본다면 소송하지 않고 문제가 해결됩니다.

민사소송을 준비할 때
재판 결과 이후도 미리 대비해요

　민사소송은 돈 문제인 경우가 많아요. 예를 들어, 돈을 빌려주었다가 받지 못했다거나, 사업이 잘될 때는 관계가 좋았던 사람들이 사업이 기울면서 다툼이 생길 때 변호사를 찾아오는데요. 소송하기로 결정이 되면 의뢰인의 대리인인 변호사는 소장을 쓸 때 재판의 결과에 대한 준비도 해야 해요. 재판 결과 피고가 원고에게 얼마를 주어야 한다는 판결이 나면 피고에게 돈을 받아야 하잖아요. 그런데 재판이 열리는 동안 피고가 재산을 팔거나 정리해서 갚을 돈이 없을 수도 있어요. 그러면 재판에 이겼어도 원하는 결과를 얻지 못하는 거예요. 이런 일을 막기 위해 소송을 시작할 때나 재판이 진행 중일 때 상대방이 마음대로 재산을 처분하지 못하도록 가처분이나 가압류를 거는 거예요. 이렇게 하면 돈을 갚아야 하는 사람이 재산을 숨기거나 팔지 못하게 되지요.

　또, 가집행이라는 것도 있어요. 이것은 최종 판결이 확정되기 전에 법원이 돈을 갚아야 하는 사람이 돈을 받아야 하는 사람에게 돈을 갚도록

하는 거예요. 이런 제도가 있는 이유는 최종 판결까지 기다릴 때 받게 될 불이익을 막기 위해서입니다. 우리나라는 3심 제도로 1심 판결 후 항소하면 고등법원에서 항소심을, 2심 판결 후 대법원에 상고하면 상고심을 해요. 이렇게 세 번의 재판이 끝나야 판결이 확정되는데요. 문제는 최종 판결이 날 때까지 시간이 오래 걸리고, 길게는 5~6년 이상 기다려야 한다는 거예요. 그래서 이런 문제를 해결하고자 최종 판결 전에 돈을 받을 수 있도록 장치를 마련한 거예요.

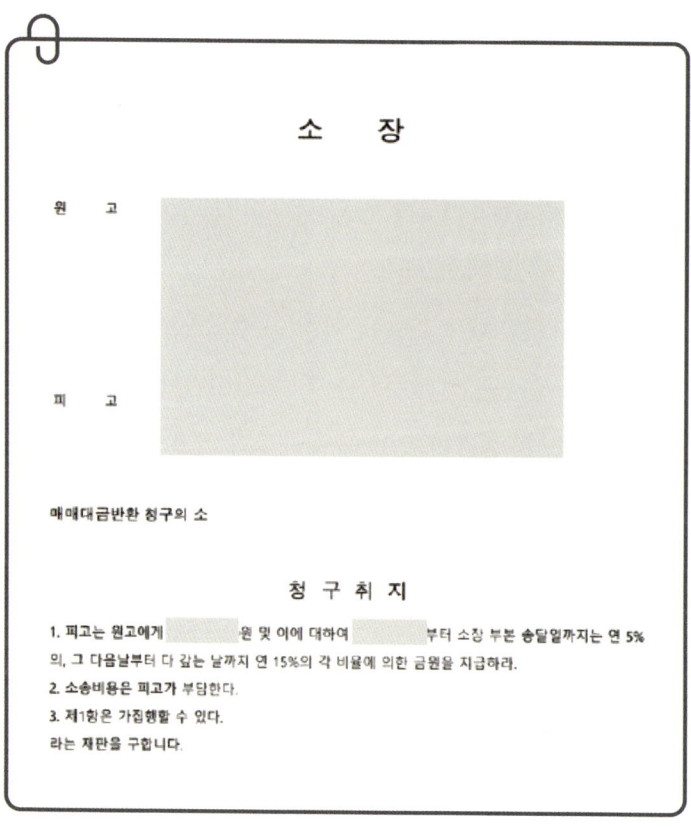

형사소송에서는 의뢰인의 변호인이 돼요

형사소송은 폭행, 상해, 사기 등 범죄가 발생했을 때 국가가 대신 소송을 제기해 유·무죄를 가리는 절차입니다. 앞에서 말했듯이 국가를 대표해 검사가 범죄자를 처벌해 달라고 법원에 소송을 제기하는 거예요. 이것을 기소라고 하는데, 기소된 사람을 피고인이라고 불러요. 기소되기 전 범죄 혐의와 관련해 수사를 받을 때는 피의자라고 하고, 범죄 혐의가 있다고 판단되어 기소되면 피고인이 되는 거예요.

형사소송에서 변호사는 수사를 받는 피의자 또는 기소된 피고인의 변호인 역할을 담당하며, 그들의 권리를 보호하고 방어하는 일을 합니다. 이때 의뢰인이 피의자인가 피고인인가에 따라 중점을 두는 일이 달라질 수 있어요. 피의자 신분일 때는 방어권을 행사해 의뢰인이 하지 않은 일로 책임을 지는 일이 없도록 하는 게 중요해요. 보통 수사기관에서 신문을 받는 사람들은 자신이 어떤 혐의에 대해 수사를 받는지 정확히 알지 못하는 상태에서 수사관의 질문에 어떤 의도가 있는지 모르고 대답하는 경우가 많습니다. 수사기관의 유도신문으로 자신이 하지 않은 일을 인정할 수도 있어요. 또한, 피의자는 자신의 대답이 어떠한 용도로 쓰이는지 정확히 알지 못하는 일도 흔해요. 이렇게 알게 모르게 피의자의 인권이 침해당하거나 불리한 내용으로 조사를 받는 일이 발생합니다. 이런 것으로부터 피의자를 보호하기 위해서 변호인의 참여가 중요합니다.

한편, 의뢰인이 기소되었다면 변호인의 역할은 좀 달라집니다. 사실, 기소되었다는 것은 유죄라는 증거가 있다는 것으로 무죄 판결을 받을 확률이 높지 않아요. 그래서 어떤 것은 억울하고, 어떤 것은 정당하다고 주장하는 데 힘을 쏟아요. 무죄를 주장할 때는 검사가 제출한 증거가 적법한 절차에 의해 수집되지 않았다거나 믿기 힘들다는 것을 증명하는 데 주력하고, 형량을 줄여달라고 주장할 때는 사건의 특성이나 피고인의 사정 등을 잘 정리해서 판사를 설득하려고 노력합니다.

국선변호인으로 활동할 수 있어요

　피의자나 피고인을 위해 국가에서 변호인을 선정해 주는 국선변호인 제도가 있어요. 국가를 상대해야 하는 형사재판에서 피의자나 피고인을 위해, 누구나 공정한 재판을 받을 수 있도록 최소한의 권리를 보장하고 이들을 보호하기 위한 제도입니다. 피의자나 피고인 중에는 법률 지식이 부족하고 수사와 재판 절차를 잘 모르거나, 알더라도 경제적인 사정으로 변호인을 선임하기 어려운 사람들이 꽤 있어요. 이럴 때 국선변호인을 통해 도움을 받을 수 있습니다.

　대부분의 변호사는 자신의 사건을 처리하면서 국선변호인이 필요한 사건을 맡을 수 있어요. 또한, 국선전담변호사로 활동할 수도 있습니다. 법원은 국선전담변호사를 모집하는데요, 국선전담변호사가 되면 법원에서 맡기는 사건만 다룰 수 있어요. 변호사 수임료와 사무실 운영비 등은 모두 국가에서 지원을 받아요.

사내변호사로 일할 수도 있어요

　기업에서 일하는 변호사를 사내변호사라고 해요. 예전에 비해 사내변호사가 많아졌고, 앞으로도 꾸준히 증가할 것으로 전망되는데요. 주로 계약서의 작성과 검토, 내부 규정의 제·개정과 적용, 조직의 내·외적 법적 권리 보호, 소송과 송무 관리 등의 업무를 담당합니다. 기업 운영 중에 생기는 법적, 제도적 문제를 해결하는 방안을 찾고, 법률 분쟁을 미리 예방하는 관리자의 역할도 합니다.

　사내변호사는 회사 경영 전반에 참여하고 있어 업무 만족도가 높고, 출퇴근 시간이 일정하고 고정적인 수입이 보장되어 직업 안정성이 높고, 회사 업종에 따라 특정 분야에 대한 전문성을 확보할 수 있고, 법조계 외 다양한 분야로 시야를 확대할 수 있다는 장점이 있어요. 반면에 변호사 본연의 업무인 송무보다는 행정 업무가 많고, 회사에 종속되어 있어 업무상 독립성이 낮고, 지방변호사회 회칙에 따라 연간 10건 이내로 수임해야 한다는 제한이 있다는 단점이 있습니다.

3장에서는?

변호사가 되는 방법은 한 가지예요. 법학전문대학원에서 3년 동안 공부한 후 변호사시험에 합격해야 하죠. 한 가지 방법이라고 한 가지의 길만 있는 것은 아니에요. 최종 목표에 다다르는 길은 여러 가지가 있어요. 변호사가 되고 싶다면 어떤 마음이 필요한지, 어떤 변호사가 되고 싶은지 생각해 보고 진로 계획을 세워보세요.

다양한 경험을 통해 세상을 이해해요

법조인이 되기 위해 특별히 해야 하는 건 없지만, 다양한 경험을 하면서 사람과 세상을 이해하려고 노력해야 해요. 경험을 쌓는 가장 좋은 방법은 독서인데요, 저는 여러분이 소설과 신문을 많이 읽으면 좋겠어요. 소설을 통해 우리는 다양한 사람들의 삶을 보며 인간의 감정과 생각을 경험할 수 있어요. 법조인은 사람의 이야기를 듣고 판단하거나 조언하는 일을 자주 하기 때문에 이런 경험이 나중에 법조인이 되었을 때 큰 도움이 돼요.

우리가 살아가는 사회를 이해하려면 신문을 읽는 게 좋겠어요. 교과서나 학원 수업에서는 접하기 어려운 현실의 다양한 문제들이 그 속에 있지요. 다만, 신문에 나오는 기사를 그대로 받아들이지 말고, 기사의 논조나 의도를 파악하고 비판적으로 생각하는 연습을 해보세요. 신문도 하나의 의견을 담고 있기 때문에 객관적인 사실과 주관적인 해석을 구별하며 자신만의 생각을 세워가야 해요.

책임감과 협동심이 필요해요

　변호사는 책임감이 필요한 직업이에요. 맡은 소송 하나가 개인의 삶이나 기업의 운명을 바꿀 수 있기 때문이죠. 변호사는 혼자 일하는 시간도 많지만 다른 변호사나 소송 관련 분야의 전문가와 협업하는 일도 많아요. 이때는 서로 일을 '나눠서 책임지는' 구조이기 때문에 맡은 일은 반드시 끝까지 책임지고 완수해야 합니다. 나눠서 책임진다는 것은 단순한 분업이 아니라, 본인이 맡은 부분에서 문제가 생기면 누구에게도 책임을 미룰 수 없다는 뜻이에요. 또한, 대부분의 업무는 정해진 기한 내에 결과물을 제출해야 해서 주어진 시간 안에 일을 끝마치는 책임감이 매우 중요해요.

　이 일은 창의적 사고도 필요해요. 많은 사람이 변호사는 관련 법률 조항을 찾아 적용하는 단순한 일을 하는 거라고 오해하는데요. 실제로는 창의적인 사고도 매우 중요해요. 의뢰인이 변호사를 찾을 때는 스스로 다양한 방법을 시도했음에도 문제가 해결되지 못한 경우가 많아요. 따라서 변호사가 문제를 해결하기 위해서는 사건을 다른 시각에서 볼 수 있어야 하고, 때로는 다른 사람들의 눈에 낯설게 보일 수 있는 방법도 검토해 봐야 해요. 물론 이런 접근은 어디까지나 법의 테두리 안에서 이뤄져야 합니다.

또 한 가지 중요한 것은 체력입니다. 제가 검사로 근무할 당시 동료들과 "검사에게 가장 필요한 자질은 밤을 새우는 체력이다"라는 농담을 자주 했어요. 이건 변호사도 마찬가지예요. 많은 양의 일을 기한 내에 처리해야 하고, 긴 시간 집중할 때가 많아요. 공부도 끊임없이 해야 하고, 여러 사건을 동시에 다루는 등 할 일이 많은 만큼 체력이 뒷받침되어야 합니다.

이 직업에 대한 정보를 찾아 미리 경험해 보세요

변호사를 비롯한 법조인이 하는 일은 언론 매체와 영화와 드라마, 유튜브 같은 영상 매체, 소설 같은 문학을 통해 알려진 것이 많아요. 관심이 있다면 이런 매체를 적극적으로 활용해 이 직업을 간접 체험할 수 있어요. 저는 존 그리샴의 『의뢰인』이라는 소설 속 변호사의 모습이 아직도 잊히지 않는데요. 신변의 위협을 느끼는 소년과 변호사가 계약을 맺는 장면이었어요. 변호사는 아이에게 1달러를 요구해 받고는 이제부터 소년의 변호사로서 소년의 말을 들을 것이며, 소년을 보호하기 위해 최선을 다할 것이라는 내용이었던 것으로 기억해요. 그 장면에서 '변호사는 이런 직업이구나'하고 감탄했었지요.

또한, 진로체험지원센터, 검찰청, 법률사무소 등에서 주관하는 법 체험 및 진로 체험 행사에 참여해 보세요. 중·고등학생이 되면 친구들과 모의 법정 동아리를 만들어 활동해 보고, 주변에 변호사가 있다면 직접 만나 이야기를 듣는 것도 좋을 거예요. 아는 변호사가 없으면 가까운 곳에 있는 변호사사무실의 문을 두드려 보세요. 학생들이 찾아가 면담을 요청하면 거절할 변호사는 별로 없을 거예요. 인생을 먼저 산 선배로서 해줄 말도 많을 겁니다.

대학에 진학할 때는
어떤 전공이라도 괜찮아요

　변호사가 되는 방법은 한 가지입니다. 대학 졸업 후 법학전문대학원에 진학하여 3년 동안 공부한 후 변호사시험에 합격해야 합니다. 그러려면 반드시 대학에 진학해야 하지만 법학 관련 전공이 필수는 아니에요. 어떤 전공이라도 자유롭게 선택할 수 있으며, 실제로 사회계열, 상경계열, 인문계열 등 다양한 전공 배경을 가진 학생들이 법학전문대학원에 진학하고 있어요.

　저 역시 공학을 전공한 뒤 변호사가 되었는데, 공학 지식을 바탕으로 IT나 기술 관련 사건을 다루는 데 큰 도움이 되고 있어요. 이처럼 자신의 전공 분야를 살려 법률 전문성을 더할 수 있다는 점에서 법학 외의 전공도 충분히 강점이 될 수 있습니다.

법학전문대학원에 입학해요

　법학전문대학원에 입학하려면 학사 이상의 학위를 취득하고, 법학적성시험(LEET, 리트) 성적, 공인영어성적, 학부 성적이 필요해요. LEET는 로스쿨 입학을 위해 꼭 필요한 시험으로 다양한 학부·전공을 가진 사람들이 로스쿨 교육을 이수하는 데 필요한 수학능력과 법조인으로서 지녀야 할 자질과 적성을 평가하기 위한 시험이에요. 법학 지식이 아니라 논리적 사고력, 독해력, 추리 능력을 평가하고, 매년 1회 실시하며 그해 성적만 인정합니다. 시험은 총 3교시로 나누어 보는데, 1교시는 언어이해(70분/30문항)로 글을 읽고 의미를 파악하는 능력을 평가합니다. 2교시는 추리논증(125분/40문항)으로 논리적 사고력과 문제 해결 능력을 보고, 3교시는 논술(110분/2문항)로 주어진 자료를 읽고 자기 생각을 정리해 글로 쓰는 능력을 봅니다. 기출문제는 인터넷에서 확인할 수 있으며(https://leet.uwayappiy.com), 미리 연습해 보면 시험 준비에 도움이 돼요.

　공인영어성적은 TOEIC, TOEFL, TEPS 성적 중 하나를 제출하면 되지만, 일부 로스쿨은 TOEIC을 인정하지 않기 때문에 지원 전에 꼭 확인해야 해요. 성적이 높을수록 유리하긴 하지만 대부분의 로스쿨은 일정 기준 점수를 넘기면 점수를 구간별로 환산하거나 기본 점수만 반영하기도 해요.

대학 학점도 매우 중요한 요소예요. 학생의 성실성과 기본 학업 역량을 평가하는 지표이기 때문에 학창 시절 꾸준히 노력하는 태도가 필요합니다. 대부분의 로스쿨은 학점을 전체 평가의 약 25~40% 정도 반영하고 있습니다.

그리고 면접도 중요한 평가인데요. 각 로스쿨은 지원자의 의사소통 능력, 사고력 등을 종합적으로 평가하기 위해 면접 문제를 제시하고 지원자의 구술 답변을 평가하는 방식으로 심층 면접 형태로 실시합니다. 면접의 형식과 주제는 로스쿨마다 다르므로 최근 이슈를 폭넓게 준비하는 것이 유리해요. 요즘엔 '인공지능의 법적 책임, 인간의 존엄성' 등 짧은 시간 안에 답변하기 어려운 문제도 나온다고 하니 사회 문제에 관심을 두고 폭넓게 준비하면 될 거예요.

준비되었다면 변호사시험에 도전!

　변호사시험은 매년 1회 1월경 5일에 걸쳐 실시되며, 로스쿨 졸업자, 졸업 예정자(3개월 이내)만이 응시할 자격이 있어요. 시험과목은 공법(헌법 및 행정법 분야의 과목), 민사법(민법, 상법 및 민사소송법 분야의 과목), 형사법(형법 및 형사소송법 분야의 과목)은 공통과목이고, 전문적 법률 분야에 관한 과목(국제법, 국제거래법, 노동법, 조세법, 지적재산권법, 경제법, 환경법) 중 응시자가 1개 과목을 선택하면 됩니다. 시험유형은 선택형(객관식)과 논술형(서술식)으로 구성되어 있으며, 논술형은 실무 능력을 평가하는 문제도 포함됩니다. 총점으로 합격이 결정되며, 과목별 최소 기준 점수(만점의 40%)를 넘겨야 해요. 참고로 2024년 변호사시험 합격률은 약 53%이고, 로스쿨 졸업자는 시험에 응시할 기회가 5번으로 제한됩니다.

　실무능력평가는 50면 안팎의 사건기록을 읽고 소장 등 법률 문서까지 2시간 안에 작성하는 기록형 시험이에요. 현실에 있을 만한 사건의 기록을 읽고 실제 변호사가 하는 것처럼 소장을 비롯한 각종 법률 문서를 작성해야 합니다. 시험에 합격한 후 바로 변호사로서 역할을 할 수 있는지를 가늠하는 시험으로 로스쿨에서는 현직 법관, 검사, 변호사가 파견 교수로 임용되어 법조인이 수행하는 실무를 학생들에게 가르칩니다. 이런 실무수업이 많은 도움이 됩니다.

6개월 이상 수습 기간을 마치면 진짜 변호사가 됩니다

　변호사시험에 합격했다고 바로 변호사 업무를 할 수 있는 건 아니에요. 6개월 이상 수습 기간을 거쳐 법률 사무의 기본을 배운 후에 변호사로 취직하거나 개업할 수 있어요. 보통 수습 기간에는 법무법인이나 법률사무소에 취직해 선배 변호사 밑에서 근무하며 일을 배워요. 처음에는 사건의 서류를 검토하는 일을 하는데, 한 사건의 서류가 적게는 책 몇 권, 많게는 수십 권의 분량이에요. 초기에는 서류를 검토하는 것도 익숙하지 않아서 시간이 오래 걸리지요. 그런데 재판 기일이 있어서 서류를 검토할 기한은 정해져 있기 때문에 야근이 잦고 때로는 밤을 새우기도 해요.

　이 기간에 모르는 것이 있으면 반드시 선배 변호사에게 물어봐야 해요. 실수하면 정말 곤란한 일이 많이 벌어지기 때문에 혼자 해결하려고 해선 안 돼요. 선배들도 후배들이 묻는 것을 싫어하거나 귀찮아하지 않아요. 선배는 후배가 와서 뭔가를 물어보면 아무리 바쁘고 아무리 피곤

해도 반드시 그 자리에서 문제를 해결해 주어야 할 의무가 있다고 생각하기 때문이에요. 이 기간에는 선배를 통해 실무를 배우고 사람을 배우게 됩니다.

4장에서는?

변호사는 잘 알려진 직업이고, 수많은 사람들이 되고 싶은 직업이에요. 따로 말하지 않아도 이 직업의 매력을 짐작할 수 있지만, 현직 변호사가 직접 느끼는 매력은 무엇인지 들어보아요.

무한한 가능성이 있는 직업

제가 생각하는 이 직업의 가장 큰 매력은 '가능성'입니다. 변호사는 단순히 법정에서 소송하는 것에만 그치지 않고 어떤 일을 할지, 어떤 방식으로 일할지를 스스로 결정할 수 있는 폭이 넓은 직업이에요. 예를 들어, 누군가는 재판을 통해 사람들의 억울함을 풀어주는 일을 하고, 또 누군가는 기업을 자문하거나 국제 분쟁을 해결하고, 인권이나 공익 활동에 전념하기도 합니다. 법률이라는 도구는 모든 사회 영역에 연결되어 있어서 변호사는 자신의 관심사와 적성을 살려 어느 분야든 도전하고 성장할 가능성이 열려 있습니다.

또한, 일정한 경력이 쌓이면 변호사는 스스로 사무실을 운영하거나, 강의나 연구, 방송, 공직 진출 등 새로운 길로도 나아갈 수 있어요. 이처럼 변호사는 다양한 분야와 자유롭게 연결되며, 오래도록 자신의 방식으로 일할 수 있는 유연하고 열린 직업입니다. 바로 이런 점이 제가 생각하는 변호사의 가장 큰 장점이자 매력입니다.

의뢰인이 좋은 결과를 얻었을 때 보람을 느껴요

　의뢰인과 관련된 이야기이기 때문에 구체적인 내용을 밝히기는 어렵지만, 몇 년 전 기억에 남는 사건이 하나 있어요. 경찰관들이 수사 과정에서 확보한 휴대전화가 문제가 되어 구속영장이 청구된 사건이었는데, 언론보도도 많이 나왔고 실제로 직장을 잃을 위기에 처하기도 했습니다. 다행히 구속영장은 기각되었고, 이후 1심과 2심 모두 무죄 판결을 받았어요. 별도로 언론사를 상대로 정정보도도 청구하여 기사 내용을 바로잡았고, 의뢰인들은 직장에 계속 다닐 수 있게 되었죠. 구속영장이 청구된 때가 2019년이었으니 오랜 시간 다투어야 했고, 그 과정에서 경찰관 두 분과 깊은 신뢰가 쌓여 더욱 인상 깊게 남아 있는 사건입니다.

　이렇게 제 의뢰인이 무죄를 선고받거나, 유죄 판결이 나더라도 지나치게 무거운 형이 선고되지 않아 안도할 때는 마치 저 자신이 좋은 판결을 받은 듯한 기쁨을 느끼기도 합니다. 결국, 변호사로서 가장 큰 보람은 의뢰인이 좋은 결과를 얻었을 때라는 생각이 듭니다.

변호사 윤리강령

1. 변호사는 기본적 인권의 옹호와 사회정의의 실현을 사명으로 한다.

2. 변호사는 성실·공정하게 직무를 수행하며 명예와 품위를 보전한다.

3. 변호사는 법의 생활화 운동에 헌신함으로써 국가와 사회에 봉사한다.

4. 변호사는 용기와 예지와 창의를 바탕으로 법률문화 향상에 공헌한다.

5. 변호사는 민주적 기본질서의 확립에 힘쓰며 부정과 불의를 배격한다.

6. 변호사는 우애와 신의를 존중하며, 상부상조·협동정신을 발휘한다.

7. 변호사는 국제 법조 간의 친선을 도모함으로써 세계평화에 기여한다.

5장에서는?

법률적인 문제를 해결하는 일은 결코 쉬운 일이 아니에요. 또한, 사람들이 모르는 변호사만의 고충도 있는데요. 이 일은 어떤 어려움이 있고, 어떤 마음으로 의뢰인을 대해야 하는지, 지켜야 할 직업윤리는 무엇인지 알아보아요.

일 자체가 어렵다는 것을 알고 있어야 해요

    변호사를 비롯한 법조인이 하는 일은 그 자체로 어려워요. 법은 원칙과 논리가 중요한 분야이기 때문에 조금만 실수해도 한 사람의 인생이나 기업의 미래에 큰 영향을 줄 수 있어요. 따라서 매 순간 정확하게 판단하고, 책임감 있게 처리해야 하는 압박감이 따르며 그만큼 정신적인 집중력과 체력, 그리고 끈기 있는 자세가 요구됩니다. 물론 저도 실수할 때가 있어요. 그래서 늘 신중해지려고 노력하고 기한도 잘 지키려고 합니다.

    그리고, 변호사는 자신의 감정에 휘말리지 않아야 합니다. 명백한 범죄를 저지르고도 반성하지 않는 피의자를 변호해야 하는 경우도 있습니다. 그럴 때 감정적으로 반감을 느낄 수는 있지만, 변호사는 자신의 역할을 감정보다 더 앞세워야 합니다. 아무리 중대한 범죄를 저지른 피고인이라 하더라도, 법이 정한 범위 내에서 공정한 처벌을 받아야 하며, 그 이상의 불이익을 받아서는 안 됩니다. 형사사건을 맡다 보면 이처럼 감정과 원칙 사이에서 어려움을 겪는 순간들이 있습니다.

피고인의 권리 보호 역할에 충실해요

　형사재판에서 변호인은 피고인을 보호하고 지켜주는 역할을 합니다. 힘이 센 국가를 상대하는 피고인은 힘이 약할 수밖에 없어요. 그래서 힘의 균형을 맞추기 위해 변호인 제도를 운영해 피고인이 누려야 할 최소한의 권리를 보장하는 거예요. 흉악범이나 극악한 범죄자 또는 형을 많이 받을 그런 반사회적인 범죄일지라도 변호인은 인간으로서 피고인이 가지고 있는 최소한의 권리가 침해되지 않도록 보호해야 합니다. 피고인이 수사기관이나 법원으로부터 부당한 대우를 받지 않도록 보호하는 거지요. 검사와 판사가 아무리 뛰어난 전문가일지라도 실수가 발생할 수 있으며, 이에 따라 억울한 누명을 쓰는 일도 생길 수 있습니다. 이럴 때는 검사의 주장에 맞서 반박하고, 무죄를 뒷받침할 증거를 제시해 적극적으로 방어해야 합니다.

　때때로 흉악 범죄를 저지른 피고인을 변호한 변호사에 대해 비난하는 일도 있어요. 아무리 많은 사람이 비난하더라도, 그 사람을 위해 끝까지 법의 기준에 따라 방어해 줄 단 한 사람은 있어야 한다는 생각에서 출발한 것이 바로 변호인 제도라고 생각합니다. 그래서 중요한 형사재판에서는 피고인에게 변호인이 꼭 있어야 하며, 없으면 국가에서 변호인을 정해주는 국선변호인 제도를 통해 변호인을 선임해 재판에 임하는 게 좋습니다.

직업윤리를 지킬 의무가 있어요

변호사, 검사, 판사 등 법조인이 지켜야 할 직업윤리가 있어요. 이것을 법조 윤리라고 하는데요. 변호사가 지킬 여러 의무 중에 의뢰인과 관계된 의무를 몇 가지 소개할게요.

먼저 성실의무가 있어요. 변호사는 가능한 한 빠르게 의뢰인이 위임한 목적을 최대한 달성할 수 있도록 노력해야 한다는 의무예요. 너무 당연한 말이지만 가끔 사건의 내용을 파악하지 못하거나, 재판부에 제출할 자료를 빼먹거나, 기한을 지키지 않아 의뢰인에게 손해를 입히는 일이 생기기도 해요. 이런 것은 기본적인 의무인 만큼 꼭 지켜야 합니다.

다음은 비밀유지의무입니다. 고객과 상담 중에 알게 된 사실, 고객이 제시한 자료, 변호사로서 말한 조언이나 의견, 소송과 관련된 문서와 자료 등을 비밀로 유지해야 합니다. 이것은 고객의 사생활을 존중하고 보호하기 위한 의무입니다. 다만, 의뢰인이 공개에 동의하거나 다른 법률에 특별한 규정이 있으면 그 내용을 공개할 수 있어요. 변호사가 이 의무를 위반하면 징계를 받을 수 있고, 고객의 손해 배상 청구를 받을 수 있으며, 심각한 경우에는 형사 처벌의 대상이 되기도 합니다.

마지막으로 이익충돌회피의무를 소개할게요. 이익 충돌이란 변호사가 자신의 이익과 의뢰인의 이익 사이에서 충돌이 일어나는 상황을 말해요. 예를 들어, 변호사가 A와 B를 동시에 대리하고 있을 때, A와 B가 서로 법률적 분쟁에 휘말리게 된다면 변호사는 이익 충돌 상황에 직면하게 됩니다. 이때 변호사는 의뢰인에게 상황을 명확히 설명하고 동의를 얻어야 합니다. 만약 동의를 얻지 못한다면, 변호사는 의뢰인 대리를 중단해야 합니다. 변호사는 항상 의뢰인의 이익을 최우선으로 생각하고, 자신의 이익이 의뢰인의 이익과 충돌할 가능성이 있다면 이를 피하거나 최소화해야 합니다. 이익 충돌은 변호사와 의뢰인 사이에 신뢰를 해치는 중요한 문제입니다.

변호사는 법률적 자문을 하는 사람으로 꽤 무거운 책임이 있는 직업입니다. 사건에 따라 매우 큰 이익이 걸려 있을 수도 있고, 한 사람의 인생을 좌우하는 일일 수도 있어요. 그런 만큼 신중하게 일을 해야 하고, 이런 의무를 지키기 위해 노력해야 합니다.

6장에서는?

컴퓨터를 좋아했던 소년은 성인이 되어 공학연구원으로 일하다 법조인이 되기로 마음먹고 진로를 바꾸었어요. 어떤 일이 있었길래 인생이 이렇게 달라졌을까요? 이전에 전공했던 컴퓨터 공학의 지식이 법조인이 된 후에 도움이 되었을까요? 앞으로 하고 싶은 일은 무엇일까요?

컴퓨터 프로그래머를 꿈꾸었던 어린 시절

저는 강원도 속초에서 태어나 자랐어요. 제가 초등학교 4학년 때 아버지가 돌아가셨고, 어머니 혼자 누나와 저를 기르시느라 많이 바쁘셔서 그랬는지 혼자 있는 시간이 많았어요. 그때 동네 형이 컴퓨터학원을 운영했는데, 그곳에서 강의도 듣고 게임도 하고, 잡다한 일도 도우면서 시간을 보냈어요. 학교가 끝나면 거의 매일 컴퓨터학원에 있다가 그 형이 퇴근할 때 함께 집으로 가곤 했어요.

그런데 고등학교에 진학한 후에는 학교 공부와 야간자율학습으로 컴퓨터를 전혀 하지 못했어요. 집에도 컴퓨터가 없었기 때문이에요. 하지만, 컴퓨터 프로그래머가 되겠다는 꿈을 가지고 있던 저는 대학과 대학원에서 컴퓨터 공학을 전공했어요.

 ## 연구소에서 공학연구원으로 일했어요

대학원을 졸업한 후 한 연구소에서 공학연구원으로 5년 정도 근무하며 연구도 하고 프로그램도 개발했어요. 그때 저는 허름한 셔츠 차림으로 밤새 컴퓨터를 다루다가 새벽에야 집에 돌아오는 생활을 반복했죠. 그때까지는 컴퓨터 공학자가 제게 가장 잘 맞는 직업이라고 굳게 믿었고, 그 선택을 한 번도 의심해 본 적이 없었어요.

그러던 어느 날 함께 일하던 선배가 유학하러 가겠다고 준비하더니 정말 떠났어요. 그 모습을 보니 저도 넓은 세계로 나가서 공부도 더 하고 다양한 경험을 하고 싶더라고요. 그때부터 더 깊이 있는 컴퓨터 공학 연구를 위해 유학을 준비했어요.

그런데 유학 준비를 할수록 마음 한편이 편하지 않았어요. 홀로 저를 키우신 어머니를 두고 외국으로 떠는 게 마음에 걸렸거든요. 결국 유학을 포기했는데, 문제는 유학을 결심한 순간부터 연구소로 돌아갈 수 없을 만큼 마음이 떠났다는 거예요. 그때 마침 법학전문대학원이 처음 생긴다는 소식을 듣고 무턱대고 진로를 바꿔 대학원에 진학하기로 결심했어요.

 ## 진로를 바꿔 변호사가 되기로 결심했어요

　법학전문대학원에 진학하기로 결심했을 때는 꽤 낭만적인 꿈을 꾸었어요. 제 머릿속에는 유학 준비를 하면서 영어 공부용으로 읽었던 존 그리샴의 소설 속 변호사의 이미지가 있었는데요. 소설 속 변호사가 의뢰인의 억울함을 풀어주고, 사건을 해결하며 법정 공방을 펼치는 모습이 인상적이었어요. 그 모습을 떠올리며 변호사가 되어 사람들을 도우며 사는 것도 멋진 삶이겠다 생각했죠. 사실 그때까지 제 주변에 법조인이 한 명도 없어서 변호사가 무슨 일을 하는지도 몰랐어요. 그래서 법학전문대학원에 원서를 넣을 때만 해도 자신의 신념을 따르는 정의로운 변호사가 되어 고향에서 사무실을 열고, 좋아하는 컴퓨터도 하면서 남는 시간에는 낚시도 즐기며 한가하게 살 수 있을 것으로 생각했어요. (웃음)

　법학전문대학원에 진학해서 처음에는 모든 것이 낯설고 어려웠어요. 한자 때문에 문장을 읽는 속도도 느렸고, 공대 시험처럼 명확하게 정답이 있는 방식에 익숙했던 저는 해석과 논리를 요구하는 시험이 무척 생소하게 느껴졌어요. 특히 형법 수업을 처음 듣던 날 꽤 충격을 받았어요. 저는 당연히 범죄 유형에 대해 배울 거라고 예상했는데, 교수님이 '인간의 행위란 무엇인가?'라는 질문을 던지신 거예요. 적응이 쉽지 않아 수강을 철회하고 2학년에 가서야 형법과 형사소송법을 몰아서 수강했죠. 그렇게 어려웠던 과목이었는데, 나중에는 로스쿨에서 강의도 하고 책도 집필했습니다.

강의에 쓰려고 집필한 형사소송법 책

검사로 시작한 법조인 생활

우연인지 운명인지 검사가 되겠다는 생각은 전혀 해보지 않았는데 기회가 왔어요. 저는 사회생활을 하다가 법학전문대학원에 진학했기 때문에 또래 학생들보다 나이가 많았어요. 당시에는 나이가 많은 사람은 검사로 채용되는 비율이 낮았고, 기수 문화가 강한 검찰 조직 특성상 늦은 나이에 검사가 되는 것이 오히려 불리하다고 생각하기도 했어요. 그런데 우연한 기회로 방학 때 검찰 실무 수습에 참여하게 되었고, 그 과정을 통해 검찰 업무에 관심을 두게 되었어요. 이후 사이버범죄 수사 관련 사건들에 흥미를 느끼면서 점차 검찰이라는 조직과 그 업무가 매력적으로 다가왔어요. 그래서 대학원 졸업을 앞두고 검사를 지원했죠. 다행히 검사 선발시험에 합격했고, 평소 가졌던 사이버범죄 수사에 관한 관심은 면접 과정에서도 좋은 인상을 주는 데 도움이 되었습니다.

검사로 임관하면서 법조인의 삶을 시작했습니다.

검사 생활을 거쳐 지금 변호사로 일하고 있어요

저는 현재 변호사로서 형사사건을 주로 맡고 있어요. 의뢰인의 수사 초기 단계부터 적극적으로 변호인의 임무를 수행하는데요. 그동안 변호사는 수사 초기 단계에서 적극적으로 대응하기보다는 수사기관의 처분을 지켜보는 데 그치는 경우가 많았어요. 하지만 최근에는 압수수색이나 조사 과정에서 피의자의 권리를 강조하는 흐름으로 변화하고 있어요. 사실 수사 초기 단계에서 적절하게 대응하지 못하면 나중에 훨씬 더 큰 문제로 이어지기 때문에 수사절차를 잘 알아야 하지요.

첨단범죄수사부 검사로 근무하면서 여러 차례 압수수색 현장에 직접 나가 지휘한 경험이 있는 저는 수사의 모든 단계를 잘 알고 있어요. 또한, 공수처에서 검사로 일한 경력도 있어서 변호사로서 압수수색 현장에서 대응할 때 매우 큰 도움이 되고 있어요.

현재 소속된 법무법인에서는 영장 대응과 디지털 포렌식 등 수사의 초기 단계부터 적극적으로 대응하는 것을 목표로 한 법률서비스를 제공하고 있습니다. 위 자료는 이러한 서비스 내용을 소개하기 위한 자료입니다.

일과 생활의 균형을 맞추려고 노력해요

저는 일이 재미있어요. 검사 시절에는 사건을 만드는 역할이었는데 그것도 재미있었고, 변호사인 지금은 사건을 해결하는 재미가 또 있어요. 일을 배울 때는 힘들기도 하고 스트레스도 있었지만, 지금은 일에서 받는 스트레스는 별로 없어요. 어느 순간부터 일이 재미있어졌거든요. 변호사가 다 그런 것은 아니에요. 제가 좀 다른 변호사보다 일을 재미있게 하는 편이라 그렇습니다.

사실 변호사는 중요하고 민감한 문제를 다루는 일이 많아 스트레스를 받을 일이 적지 않아요. 초기에는 집에 돌아가서도 계속 사건을 곱씹고, 일 생각을 놓지 못하는 경우가 많았어요. 그런데 시간이 지나면서, 특히 가족과 함께 보내는 시간의 소중함을 느끼게 되면서부터는 일과 사생활의 균형을 조금씩 찾을 수 있게 되었어요. 요즘은 가족과 함께 있는 시간에는 가능한 한 일 생각을 하지 않으려 해요. 그 덕분에 마음이 훨씬 편해졌어요. 결과적으로 제 스트레스 해소법은 '가족과 함께하는 시간'

이라고 할 수 있습니다.

　이 일을 하면서 생기는 직업병도 있어요. 변호사를 비롯한 법조인의 업무는 대부분 책상에 앉아서 서류를 검토하거나 글을 쓰는 일이에요. 오랜 시간 앉아 있기 때문에 허리 통증이 생길 수 있고, 키보드나 마우스를 사용하는 일이 많아 손목이 아픈 경우도 종종 있지요. 서류를 오랫동안 집중해서 읽고 분석하다 보면 시력에 영향을 미쳐 시력 저하가 나타나기도 합니다. 이런 것은 사무직 종사자 다수가 겪는 일일 것 같아요.

　그리고 직업에서 오는 변화도 있는 것 같아요. 법조인이 되기 전부터 알았던 사람들과 가족들은 제가 성격이 좀 변했다고 생각해요. 오랜 시간 법조인으로 일하다 보니 성격이 좀 날카로워졌다는 건데요. 제 아내는 예전에는 안 그랬는데, 평소 대화를 할 때도 논리적으로 따지고 꼬투리를 잡는 습관이 생긴 것 같다고 말하더군요. 저도 가끔은 가족과의 대화에서도 자연스럽게 변호사처럼 말하고 있는 자신을 발견하곤 합니다. (웃음)

2023년 공수처 검사 임명장 수여식

컴퓨터 공학 전공을 살려 일하고 싶은 꿈이 있어요

저는 컴퓨터 보안을 전공하면서 모의 해킹을 통해 시스템 보안을 점검하는 일을 많이 했어요. 보안이 실제로 뚫리지 않는지를 확인하는 작업이었는데, 그 과정이 무척 재미있고 흥미로워요. 검사로 근무할 당시에는 서울중앙지검 첨단범죄수사부(현재는 서울동부지검이 사이버범죄 중점검찰청으로 지정되어 사이버범죄수사부로 개편됨)에서 해킹 사건 수사를 맡은 경험이 있고, 지금은 변호사로 일하면서도 사이버 범죄나 IT 관련 기술 사건에 대한 자문을 꾸준히 맡고 있어요. 해킹 사건이 발생하는 초기 단계부터 법적으로 마무리되는 과정까지 거의 전반을 경험해 보았죠. 요즘에는 해외에서는 이러한 사건들이 어떤 방식으로 처리되는지 현장에서 직접 보고 배우고 싶다고 생각하고 있습니다.

7장에서는?

앞에서 미처 해결하지 못한 궁금증을 해결하는 시간! 변호하는 일은 언제부터 있었는지, 영화나 드라마는 얼마나 현실에 가까운지, 변호사로 일하다 판사나 검사가 되는 방법은 무엇인지, 일을 하면서 특별히 주의해야 할 것은 무엇인지 등도 알아보아요.

변호하는 직업은 언제부터 있었나요?

QUESTION 01

옛날 그리스 시대의 아테네에서는 시민들이 모여서 여러 가지 문제에 대해 서로 의견을 말하고 토론했어요. 누군가 죄가 없다고 주장하거나, 반대로 죄가 있다고 말하며 설득하는 일도 있었지요. 다른 사람을 대신해 말해주는 변론 활동도 있었지만, 이때는 변론을 직업으로 삼는 사람은 없었어요. 직업이 되려면 돈을 받아야 하는데, 무료 변론만 가능했거든요.

이후 로마 시대가 되면서 변론을 직업으로 삼는 사람들이 생겼어요. 로마는 '법의 나라'라고 불릴 만큼 법과 재판이 잘 발달했어요. 그래서 법을 공부한 전문가들이 많았고, 현대 유럽 여러 나라의 법도 로마법을 바탕으로 만들어졌답니다. 처음에는 변호사가 돈을 받지 않고 무료로 도와주는 법이 있었지만, 나중에는 수임료라고 하는 보수를 받을 수 있게 되었어요. 그래서 변호사가 하나의 직업이 된 것은 로마 시대부터라고 할 수 있어요.

과거 우리나라에도 변론하는 직업이 있었나요?

　우리나라도 오래전부터 소송 제도가 있었고, 고려시대에 소송을 대리하는 사람들이 있었다는 기록이 있어요. 조선시대에도 사람들이 재판하거나 서로 다투는 소송이 있었어요. 그런데 그때는 소송하려면 한자로 문서를 써야 했고, 문서의 형식도 제대로 지켜야 했어요. 한자를 아는 사람이 많지 않았기 때문에 보통 백성들이 혼자 소송을 진행하기는 참 어려웠지요.

　그래서 문서를 대신 써 주고, 소송을 도와주는 사람을 고용하기도 했어요. 이런 일을 고용대송(雇傭代訟)이라고 하고, 이 일을 하는 사람들을 외지부(外知部)라고 불렀습니다. 외지부는 돈을 받고 소장을 대신 써 주거나, 어떻게 하면 재판에서 이길 수 있을지 알려주기도 했어요.

　하지만 일부 외지부는 옳고 그름을 뒤바꾸거나, 일부러 소송을 부추기고, 문서를 위조해 문제를 일으키기도 했어요. 그래서 조선 성종 때인 1478년에 외지부를 공식적으로 금지했어요. 그래도 완전히 사라진 것은 아니어서 조선 후기에까지 몰래 활동했다고 전해져요. 이렇게 보면, 조선시대의 외지부가 오늘날의 변호사와 비슷한 역할을 했다고 할 수 있어요.

김윤보(1865~1938)의 <형정도첩(刑政圖帖)> 일부. 백성들이 관에 소장을 내는 모습이 그려있다.

출처 : 국립중앙박물관

영화나 드라마는 현실을 얼마나 반영하고 있나요?

QUESTION 03

요즘 영화나 드라마는 꽤 많이 현실과 비슷해졌어요. 변호사와 검사의 조언을 받아 충실히 반영하는 작품도 많고, 변화도 있는 것 같아요. 그런데 요즘엔 검사들 대부분이 약간 부정적인 이미지로 비치는 것 같아요. 하지만 현실은 달라요. 일부 검사들을 제외하고 현실에서 검사들은 진짜 열심히 일해요. 특히 지방검찰청 검사들은 절도, 강도, 사기, 살인 등 서민들이 겪는 사건들을 해결하려고 정말 노력합니다.

변호사도 마찬가지입니다. 겉보기에는 냉철하고 계산적인 모습으로 비칠 수 있지만, 실제로는 사건 수임료의 많고 적음에 상관없이 밤새 서류를 검토하고, 증인 신문과 변론을 철저히 준비하는 경우가 많아요. 어떤 사건이든 맡은 이상 최선을 다하는 것이 변호사의 기본자세입니다. 어디든 다양한 사람이 있듯이, 법조계에도 긍정적인 임무를 수행하는 사람이 있는가 하면 부정적인 평가를 받는 사람도 있기 마련이에요. 따라서 영화나 드라마 속 이미지로 법조인을 판단하지 않았으면 해요.

연봉은 얼마나 되나요?

QUESTION 04

　변호사의 수입은 정해진 기준이 없을 뿐만 아니라 근무 형태에 따라 크게 달라질 수 있어요. 2021년 워크넷 직업조사 결과에 의하면 변호사의 평균연봉은 7,770만 원으로 비교적 높은 수준이에요. 하지만, 이 수치는 어디까지나 평균일 뿐이며 실제 현장에서는 차이가 있습니다.

　변호사의 수입은 어디에서 어떤 방식으로 일하느냐에 따라 결정돼요. 대형 법무법인, 기업의 법무팀, 공공기관 등에서는 일반 회사원처럼 월급 또는 연봉제로 급여를 받아요. 이 경우 입사할 때 정해진 금액을 연 단위로 계약하고 매달 일정한 급여를 받습니다. 상위권 법무법인의 신입 변호사 연봉은 1억 원에서 1억 5천만 원 정도로 알려져 있어요. 이런 고소득은 경쟁률이 매우 높고, 업무 강도도 상당한 편이라는 것을 의미합니다.

　기업의 사내변호사 평균연봉은 약 7천만 원 정도입니다. 하루 8시간 근무가 보장되고 기업에서 제공되는 복지 등을 받을 수 있습니다. 공공기관 변호사는 근무하는 곳에 따라 4,500만 원에서 6,000만 원으로 차이가 있습니다. 또 국선변호사는 신입 때는 월 600만 원을, 재위촉 시에는 700만 원을 받습니다.

연봉이 아니라 성과급제를 따르는 변호사도 있어요. 법무법인 내 파트너 변호사나 개업 변호사는 자신이 처리한 사건이나 맡은 자문 업무에 따라 성과에 따른 수익을 받아요. 이 경우 수입이 일정하지 않고 한 해는 많고 다른 해는 적을 수도 있습니다. 성과급제는 의뢰인이 많고 사건이 복잡하거나 고액일수록 수입도 증가하지요.

요즘 변호사 수가 증가해 평균 수입이 줄어든 것은 사실이에요. 과거보다 경쟁이 치열하지만, 여전히 경력이 쌓여 전문성을 갖춘 변호사는 높은 수입을 유지할 수 있습니다.

시대에 따라 법도 변하나요?

변합니다. 전 국민에게 영향을 끼친 법과 제도 중 2008년 폐지된 호주제(戶主制)가 대표적인 사례입니다. 호주제는 가족을 법적으로 규정하는 제도로, 가부장적 질서를 기반으로 운영되었습니다. 주로 남성, 특히 장남이 가족의 대표인 '호주'가 되었으며, 여성은 결혼하면 남편의 호적에 편입되는 등 성차별적 요소가 강했습니다. 이러한 이유로 사회적 논란이 지속되었고, 결국 2005년 헌법재판소의 위헌 결정과 국회의 입법을 통해 폐지되었습니다.

호주제 폐지 이후, 2008년부터 가족관계등록부 제도가 도입되면서 개인 단위로 출생, 혼인, 사망 등의 정보를 관리하게 되었습니다. 이를 통해 성평등이 강화되고, 다양한 가족 형태를 존중하는 방향으로 변화가 이루어졌습니다. 이처럼 사회의 변화에 따라 새로운 법이 만들어지고, 기존 법도 개정되며, 법원의 판례도 계속해서 새롭게 나오기 때문에 변호사는 끊임없이 공부하고 노력하는 자세가 필요해요.

판사는 어떻게 될 수 있나요?

QUESTION 06

    판사는 재판을 통해 분쟁을 해결하고 결론을 내리는 사람이에요. 어떤 사건이 법원으로 넘어오면 판사가 사건을 조사하고 양쪽 이야기를 들은 뒤, 누구의 말이 법에 맞는지 판단하여 결론을 내립니다. 예를 들어, 누군가 돈을 돌려달라고 주장하는데, 상대방은 줄 이유가 없다고 한다면 두 사람의 주장을 듣고 법에 따라 어느 쪽이 맞는지 결정해요. 재판을 통해 법의 기준을 세우고 사람들 사이의 갈등을 공정하게 해결하는 것이 판사의 가장 중요한 역할이에요

    판사가 되려면 5년 이상 법조 경력을 쌓아야 채용에 지원할 자격이 생깁니다. 옛날에 사법시험으로 법조인을 선발했을 때는 합격한 사람은 모두 사법연수원에서 교육을 받았어요. 교육이 끝나면 성적 우수자를 바로 판사로 임용했지요. 그래서 20대 초중반에 판사가 되기도 했어요. 그런데 사법연수원을 갓 수료한 젊은 판사들이 경험이 부족해 여러 문제점이 지적되어서 2013년에 경험을 쌓은 후 판사 임용에 지원하도록 제도

가 바뀌었어요.

    법조인 경력을 쌓는 방법은 여러 가지예요. 법무법인이나 법률사무소 등에서 변호사로 5년 동안 일하거나, 재판연구원으로 일한 후 변호사로 경력을 쌓는 방법이 있어요. 재판연구원은 각급 법원에서 법관의 업무를 보조하는 계약직공무원이에요. 3년간 법원에서 근무하며 판결문 초안 작성, 사건 검토 보고서 작성, 재판 참관 등의 업무를 해요. 주로 판사가 되려는 사람들이 지원하고, 3년 계약이 끝난 후 나머지 2년의 법조인 경력을 채우면 판사 임용에 지원할 수 있어요.

검사가 되는 방법은 무엇인가요?

QUESTION 07

검사는 국가기관인 검찰청에 소속된 공무원으로 법을 집행하는 역할이에요. 특히 범죄가 발생했을 때 수사를 지휘하고 재판을 시작하는 사람이죠. 재판의 시작은 기소인데요. 검사는 경찰이 수사한 사건을 검토해 기소할지 말지를 판단하고, 법정에서는 국가를 대표해 범죄자에게 어떤 처벌이 필요한지 주장해요.

예전에는 검사에게 수사권과 기소권이 모두 있었기 때문에 강력한 권한을 갖고 있었지만, 최근에는 검사의 직접 수사 권한은 줄어든 상태입니다. 그런데도 검사는 여전히 형사절차 전반을 주도하며, 인권을 보호하고, 법이 공정하게 집행되도록 감시하는 중요한 역할입니다.

검사도 판사와 마찬가지로 변호사 자격을 갖춘 사람이어야 하며, 검사시험을 통과하면 됩니다. 변호사 자격을 취득한 뒤 바로 검사시험을 볼 수 있고, 변호사로 일하다 검사시험을 볼 수도 있어요.

변호사 활동을 하다가 공수처 검사로 임관하게 되었습니다.

소장을 쓸 때 특별히 주의해야 할 것은 무엇인가요?

QUESTION 08

민사소송은 소송 청구인이 주장한 것만 판단하기 때문에 원하는 결과를 얻으려면 주장을 명확하게 해야 해요. 예를 들어, 1천만 원을 빌려주었는데 받지 못한 사람이 피고에게 돈을 갚으라는 소송을 제기했다고 해보세요. 원고가 원금 1천만 원과 이자를 갚고, 소송 비용을 내라고 주장했다면 판사는 그 주장대로 판단해요. 그런데 만약에 소장에 원금 1천만 원만 갚으라고 썼다면 판사는 원금에 대한 것만 판단하고 이자와 소송 비용은 판단하지 않아요. 그러면 또 이자와 소송 비용에 대한 불만이 생기는 거죠. 그러므로 소장을 쓸 때는 주장을 명확하게 밝혀서 써야 해요.

왜 그럴까요? 이것은 개인의 권리를 국가가 개입하거나 관여하지 않는다는 근대 사법의 원칙이 반영되었기 때문인데요. 개인의 의사 결정은 자유로워야 하고, 그 결정에 대한 책임은 자기가 진다는 원칙이에요. 그래서 재판의 당사자는 절차의 시작, 심판의 대상, 소송의 종결을 자기가 정해요. 예를 들어 지인에게 돈을 빌려줬는데 갚지 않을 때 지인을 상대로 소송을 제기할지 말지, 빌려준 돈 중에서 얼마를 갚으라고 할지, 소송 도중에 마음이 바뀌어 소를 취하하고 없던 일로 할지 등은 모두 당사자가 결정하는 거예요. 법원은 당사자의 의견을 존중할 뿐, 소를 제기하라거나, 빌려준 돈 일부만 받으려는 사람에게 전부 받으라고 판결한다거나, 중간에 소를 취하하려는 사람에게 소송을 계속 진행하라고 간섭할 수 없어요.

하지만 자유로운 의사에 따라 개인의 주장을 존중하지만, 그 주장이 인정받으려면 이를 뒷받침할 증거 등의 자료를 당사자가 수집해서 제출해야 해요. 다른 사람이 증거를 가지고 있거나, 어떤 사건을 목격했다고 하더라도 당사자가 증거를 제출하지 않으면 인정되지 않아요. 이런 원칙을 모르고서는 재판할 때 대응하기 어려워요. 그래서 법률적인 문제가 생겼을 때 법과 재판 과정에 대해 잘 아는 변호사와 상담하는 것이 필요해요.

다른 분야로 진출할 수 있나요?

QUESTION 09

앞에서도 이 직업의 장점은 가능성이라고 이야기했듯이 변호사 자격이 있으면 기업을 비롯한 공공기관, 금융기관, 의료기관 등 법률가가 필요한 모든 곳에 진출할 수 있습니다. 법률가로서뿐만 아니라 그 분야의 전문가로 성장해 기업의 CEO가 되어 회사 경영에 직접 관여하는 분들도 꽤 있어요. 이렇게 변호사 자격을 발판 삼아 다른 직종으로 옮겨가기도 하고, 변호사로 일하면서 다른 일을 함께하는 사람도 있죠. 자기가 하고 싶은 분야는 무엇이라도 할 수 있는 직업이에요.

반대로 다른 일을 하다 변호사가 되는 분들도 많아요. 저한테 가끔 로스쿨에 진학해도 괜찮은지 물어보는 사람들이 있어요. 저는 마음이 있다면 고민하지 말고, 진학하라고 조언해요. 하고 싶은 것이 있는 사람에게 변호사 자격은 무조건 도움이 됩니다. 해마다 배출되는 변호사가 많아서 법조 시장이 포화상태라는 전망도 있기 때문에 걱정하는 사람들이 많은데요. 그래도 큰 욕심만 부리지 않는다면 굉장히 좋은 직업입니다.

피해자 국선변호사 제도는 무엇인가요?

QUESTION 10

형사소송은 검사와 피고인이 소송의 당사자예요. 그런데 여기에 한 자리가 더 있어요. 피고인의 범죄행각으로 피해를 본 피해자입니다. 피고인은 변호사를 선임해 소송을 진행하는데, 피해자는 소송 단계에서 조사에 임하고 재판에서 증언하는 등 형사소송에 관여하기는 하지만 소송의 당사자가 아니기 때문에 어떤 도움을 받지 못하는 경우가 많았어요. 그래서 피해자를 도울 방법으로 피해자 국선변호사제도를 마련했어요. 국선전담변호사 중에서 피해자 국선변호사로 선임되면 수사단계부터 재판단계까지 법적인 보호조치와 함께 법률적인 도움을 받을 수 있습니다.

따라서 성폭력·아동학대·장애인학대·인신매매·스토킹범죄 피해자 및 성매매 피해아동·청소년은 사건 발생 초기부터 수사, 재판에 이르는 전 과정에서 국선변호사의 전문적인 법률 지원을 받을 수 있어요. 이뿐만 아니라 피해자의 인적 사항 등이 노출되는 것을 막고, 보복 위험 등에 대비해 피해자 보호를 위해 필요한 일도 합니다.

피해자 국선변호사 제도

성폭력·아동학대·장애인학대·인신매매·스토킹범죄 피해자 및 성매매 피해아동·청소년을 위하여 국선변호사를 선정해 사건 발생 초기부터 수사, 재판에 이르는 전 과정에서 전문적인 법률 지원을 하는 제도입니다. 성폭력·아동학대·장애인학대·인신매매 등 범죄 피해자 및 성매매 피해아동·청소년은 누구나 피해자 국선변호사의 선정을 신청할 수 있습니다.

피해자 국선변호사는,

- 수사단계에서는 피해자가 수사절차에 어떻게 참여하게 되는지 설명하고, 변호사, 신뢰관계인, 진술조력인 등이 피해자를 어떻게 지원하는지 안내합니다.
- 조사과정에서 구성요건의 입증에 필요한 진술이 충분하게 이루어질 수 있도록 조사 후 의견을 개진합니다.

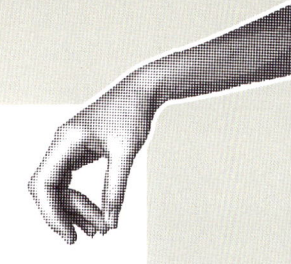

- 피해자 상담을 기초로 파악한 범죄사실, 증거관계 등을 의견서의 형식으로 작성하여 수사기관에 제출합니다.
- 피해자의 인적사항이 조서, 증거, 언론 등을 통해 노출되는 것을 막고, 보복 위험 등에 대비하여 피해자 보호를 위해 필요한 조치를 취합니다.
- 재판단계에서는 공판기일에 출석하여 사건의 흐름을 파악하고, 피해자 등에게 전달합니다.
- 양형 증거 및 탄핵 증거를 수집하고, 이를 토대로 의견서를 작성하여 법원에 제출하는 등 피고인에게 적정한 처벌이 이루어지도록 노력합니다.
- 범죄 피해자 또는 그 법정대리인이 경찰서, 검찰청 등 수사기관에 피해사실 신고와 함께 구두 또는 서면으로 피해자 국선변호사 지원을 요청하면 됩니다.
- 성폭력 피해상담소 또는 아동보호전문기관 등을 통해서도 피해자 국선변호사의 지원을 요청할 수 있습니다.

1.

유죄임을 알고도 변호해야 할까?

> 변호사가 강력범죄(살인, 성폭행 등)를 저지른 의뢰인을 변호하는 상황입니다. 의뢰인이 실제로 죄를 인정했지만, 법적 절차를 통해 무죄 또는 감형을 받을 방법이 있다고 가정해 봅시다. 이때 변호사는 모든 의뢰인에게 최선의 변호를 제공해야 한다는 의무와 가해자가 경미한 처벌을 받으면 사회적 정의가 실현되지 않는 것이 아닐까 하는 생각 사이에서 고민이 생깁니다.

토론을 위한 질문

변호사는 법적 권리를 보호하는 것이 우선일까, 아니면 사회정의를 실현하는 것이 우선일까?

2.

거짓말하는 의뢰인을 알게 되었을 때 어떻게 해야 할까?

> 피고인이 "나는 절대 범죄를 저지르지 않았다."라고 주장하지만, 변호사가 확보한 증거(예: CCTV, DNA 등)로 볼 때 명백한 거짓말이라는 걸 알게 되었습니다. 변호사는 의뢰인의 정보를 외부에 발설할 수 없다는 비밀유지의무가 있습니다. 하지만 변호사가 이 사실을 알고도 무죄를 주장하면 법정에서 거짓을 조장하는 셈이 됩니다.

토론을 위한 질문

변호사는 의뢰인이 거짓말을 하고 있다는 걸 알았을 때, 이를 법정에서 밝힐 의무가 있을까?

3.

부패한 기업을 변호해야 할까?

> 한 대기업이 환경오염을 일으켰지만, 변호사에게 법적 허점을 찾아 무죄 판결을 받아달라고 했습니다. 기업도 법적으로 방어 받을 권리가 있지만 기업이 법적 허점을 이용해 책임을 회피하면, 사회적으로 큰 피해가 발생할 수도 있습니다.

토론을 위한 질문

변호사는 법적 허점을 이용해서라도 의뢰인을 보호해야 할까? 아니면 법적 정의를 위해 거절해야 할까?

4.

인공지능이 만든 작품에 저작권을 부여해야 하는가?

찬성 측 논점	반대 측 논점
• AI가 창작한 작품도 가치를 가지므로 보호해야 한다. • AI 개발자나 AI를 활용한 사람이 창작자로 인정받아야 한다. • AI 작품을 보호하지 않으면 기술 발전이 느려질 수 있다.	• AI는 스스로 창작할 수 없으며, 인간처럼 법적 권리를 가질 수 없다. • AI 작품에 저작권을 주면 인간 창작자들이 피해를 볼 수도 있다. • AI의 창작물은 기존 데이터를 바탕으로 만들어지므로 완전한 창작이라고 보기 어렵다.

토론을 위한 질문

1. 인간의 창작과 AI의 창작은 어떻게 다를까?
2. AI가 만든 작품에 저작권을 주지 않으면, AI를 개발한 사람의 권리는 어떻게 보호해야 할까?
3. 만약 AI 작품에 저작권을 인정한다면, 저작권자는 누구(개발자, AI를 사용한 사람 등)로 해야 할까?
4. AI 창작물에 저작권이 생기면, 인간 예술가들에게 어떤 영향이 있을까?

5.

휴대전화 압수 시 패스워드 제공을 강제할 수 있을까?

찬성 측 논점	반대 측 논점
• 디지털 증거 확보는 범죄 수사의 핵심이며, 휴대전화는 범죄의 중요한 수단 및 증거 저장소가 될 수 있다. • 피의자가 패스워드를 숨기면 실질적으로 압수·수색의 실효성이 없어진다. • 범죄 수사를 위해 일정한 기본권 제한은 불가피하며, 공익과 수사의 필요성이 더 크다.	• 자기부죄금지 원칙(형사소송법상 진술 강요 금지)에 위배될 수 있다. • 패스워드 제공은 본인의 범죄를 인정하거나 스스로를 불리하게 만드는 행위로 이어질 수 있다. • 수사기관의 강제 수단이 남용될 가능성이 있으며, 프라이버시 침해의 우려도 크다. • 기술적 보안 장치를 강제로 해제하게 하면, 향후 정보 인권 침해가 일반화될 위험 있다.

토론을 위한 질문

1. 비밀번호 제공은 진술 강요에 해당할까?
2. 수사의 실효성과 피의자의 방어권 중 어느 가치가 더 우선되어야 하는가?
3. 자기부죄금지 원칙은 어디까지 적용되어야 할까? 패스워드 제공은 이 원칙에 포함되는가?
4. 만약 강제가 정당화된다면, 그 요건과 절차는 어떻게 설정되어야 하는가?

6.

판사의 양형에 인공지능을 도입해야 할까?

찬성 측 논점	반대 측 논점
• 객관적인 기준에 따라 일관된 판결이 가능하다. • 판사의 편향이나 감정을 배제할 수 있다. • 업무 효율성 및 양형 예측 가능성 증가를 기대할 수 있다.	• 사건마다 사정이 달라 기계적인 판단은 부적절하다. • 인공지능은 인간의 도덕적 판단을 대체할 수 없다. • 데이터에 편향이 내재되어 있을 수 있다.

토론을 위한 질문

① 법의 형평성과 인공지능의 일관성은 충돌하는가?
② 판사의 재량권은 어디까지 인정되어야 할까?
③ AI 판결에 대한 책임은 누가 져야 하는가?

7.

사형제를 폐지해야 할까?

찬성 측 논점	반대 측 논점
• 인간 생명은 절대적 가치이며 국가도 생명을 빼앗아선 안 된다. • 오판의 가능성을 원천적으로 차단할 수 없다. • 사형이 범죄 억지에 효과적이라는 증거가 부족하다.	• 극악범죄에는 응당한 처벌이 필요하다. • 피해자 유족의 고통과 사회정의 실현을 고려할 때 사형은 필요하다. • 사형제 폐지는 범죄자에게 지나친 관용일 수 있다.

토론을 위한 질문

① 생명권은 모든 상황에서 절대적인가?
② 사형이 없는 사회는 범죄 억제가 가능할까?
③ 오판으로 인한 사형 집행 사례는 어떻게 다뤄야 할까?

8.

소년범의 형사 처벌은 강화되어야 하는가?

찬성 측 논점	반대 측 논점
• 강력범죄의 저연령화 추세에 비추어, 기존의 소년법은 현실을 반영하지 못하고 있다. • 피해자 입장에서 보면, 가해자의 나이보다 범죄의 결과가 더 중요하다. • 반복적인 소년범죄는 처벌의 미약함이 범죄를 조장하는 원인이 될 수 있다. • 책임 의식 함양과 예방 효과를 위해 일정 수준 이상의 처벌이 필요하다.	• 소년범은 형성 중인 인격체로서 교화 가능성이 높다. 처벌보다 보호·교화 중심의 대응이 필요하다. • 형사처벌 강화는 낙인효과와 재범률 증가로 이어질 수 있다. • 강한 처벌은 사회의 책임을 개인에게만 전가하는 결과가 될 수 있다. • 청소년기 충동성, 미성숙함을 고려하지 않는 처벌은 인권 침해 소지가 있다. • 형사처벌은 범죄 원인을 해결하지 못하며, 예방 효과도 제한적이다.

토론을 위한 질문

1. 소년범의 교화 가능성과 사우리 사회의 보호는 어떻게 균형을 맞출 수 있을까?
2. 현재 소년법 체계는 강력범죄에 대해 충분한 대응력을 가지고 있는가?
3. 강화된 처벌이 재범률을 낮출 수 있는 실질적 효과가 있을까?
4. 사회가 소년범죄에 대해 책임져야 할 부분은 무엇인가?

초등학생의 진로와 직업 탐색을 위한 잡프러포즈 시리즈 55

변호사는 어때?

2025년 10월 27일 초판 1쇄

지은이 | 김상천
펴낸이 | 김민영
펴낸곳 | 토크쇼

편집인 | 박성은
표지 디자인 | 이희우
본문 디자인 | 책읽는소리
홍보 | 이예지

출판등록 2016년 7월 21일 제 2023-000173호
주소 | 서울시 마포구 월드컵북로98, 2층 202호
전화 | 070-4200-0327
팩스 | 070-7966-9327
전자우편 | myys327@gmail.com
ISBN | 979-11-94260-64-6(73190)
정가 | 13,000원

이 책의 저작권은 저자와 출판사에 있습니다.
서면에 의한 저자와 출판사의 허락 없이 책의 전부 또는 일부 내용을 사용할 수 없습니다.